Halloween Äventyr: Barnsagor På Engelska Och Svenska

Pomme Bilingual

Published by Pomme Bilingual, 2024.

While every precaution has been taken in the preparation of this book, the publisher assumes no responsibility for errors or omissions, or for damages resulting from the use of the information contained herein.

HALLOWEEN ÄVENTYR: BARNSAGOR PÅ ENGELSKA OCH SVENSKA

First edition. September 15, 2024.

Copyright © 2024 Pomme Bilingual.

ISBN: 979-8224487967

Written by Pomme Bilingual.

Table of Contents

The Ghostly Giraffe

On Halloween night, when the moon was full and the wind howled through the trees, Gary the Giraffe stood in front of his tall mirror, admiring his Halloween costume. He had spent hours sewing a bright orange cape with glittery stars. Gary was very proud of his costume and couldn't wait to show it off to his friends. But something strange happened as the clock struck midnight. A sudden gust of wind swept through the savannah, and Gary felt a peculiar chill.

Before he could react, Gary's body began to shimmer and glow. His legs became transparent, and he realized with a gasp that he was turning into a ghost! Gary floated up into the air, looking down at his once-solid form with wide eyes. He was a friendly giraffe with a big heart, but now, he was a ghost. He could see right through himself!

"Oh no! This is not what I planned for Halloween!" Gary moaned, his voice echoing through the night. "I need to find a way to become solid again!"

Gary floated through the savannah, trying to figure out where to go. He had heard of a haunted forest nearby that was rumored to hold magical secrets. Perhaps, if he ventured into the forest, he might find a way to reverse his ghostly transformation.

As Gary approached the forest, the trees seemed to whisper and sway in the eerie moonlight. The forest was known for being spooky, with glowing eyes peeking from the shadows and soft, mysterious sounds filling the air. But Gary was determined. He floated past the first line of trees and entered the forest, his heart pounding with both excitement and fear.

The deeper Gary went, the more magical the forest became. Strange, glowing mushrooms dotted the forest floor, and sparkling fireflies danced around him. He saw a group of friendly owls perched on a branch, their eyes glowing warmly in the dark.

"Hello, Mr. Owls!" Gary called out. "Can you help me? I've turned into a ghost and need to find a way to become solid again."

The owls hooted softly and fluttered their wings. "We've heard of a magical stone hidden deep in this forest," one of them said. "It's said to have the power to change things back to their original form. Follow the path of the glowing mushrooms; they will lead you to the stone."

"Thank you!" Gary said gratefully. He followed the path of glowing mushrooms, floating carefully to avoid stepping on any. The path led him through the darkest parts of the forest, where shadows danced and strange creatures watched from the corners of their eyes.

Eventually, Gary arrived at a small clearing bathed in moonlight. In the center of the clearing was a beautiful, shimmering stone resting on a pedestal. The stone sparkled with all the colors of the rainbow, and Gary could feel its magic from where he floated.

"This must be it!" Gary said, his ghostly form trembling with hope. He floated closer to the stone, and as he did, he noticed a riddle inscribed on the pedestal:

"To return to your form, speak with a cheer,

But only at dawn will your wish be clear."

Gary pondered the riddle. He knew he had to wait until dawn to make his wish. So, he decided to take a rest by the magical stone, keeping watch over it as the night wore on.

As the first light of dawn began to break through the trees, Gary gathered his courage and spoke aloud. "Please, magical stone, I wish to become solid again and return to my normal self!"

The stone began to glow brightly, enveloping Gary in a warm, golden light. Slowly, Gary felt his body solidify, his legs becoming tangible once more. With a final flash of light, he was back to his old self—no longer a ghost, but a giraffe with his bright orange cape.

"Oh, I'm back!" Gary exclaimed, looking at his solid form with joy. "Thank you, magical stone!"

Gary made his way back through the forest, feeling relieved and happy. The owls hooted in delight as he passed by, and Gary waved his long neck in gratitude.

When Gary returned to the savannah, he saw his friends waiting for him. They had been worried about him, but when they saw his Halloween costume and heard his adventure, they were amazed and excited.

"Gary, you're back!" his friend Ellie the Elephant exclaimed. "Tell us all about your adventure!"

Gary happily shared his story with his friends, and they all celebrated Halloween together with laughter and joy. It was a Halloween night Gary would never forget, and he was grateful for the magical forest that had helped him find his way back to his solid self.

Det Spöklika Giraffen

På Halloween-natten, när månen var full och vinden ylade genom träden, stod Gary Giraffen framför sin höga spegel och beundrade sin Halloween-kostym. Han hade tillbringat timmar med att sy en ljusorange mantel med glittrande stjärnor. Gary var mycket stolt över sin kostym och kunde inte vänta på att visa den för sina vänner. Men något märkligt hände när klockan slog midnatt. En plötslig vindpust svepte över savannen och Gary kände en underlig kyla.

Innan han kunde reagera började Garys kropp att skimra och lysa. Hans ben blev genomskinliga, och han insåg med ett hest andetag att han förvandlades till ett spöke! Gary svävade upp i luften och tittade ner på sin en gång solida form med stora ögon. Han var en vänlig giraff med ett stort hjärta, men nu var han ett spöke. Han kunde se rakt igenom sig själv!

"Åh nej! Det här var inte vad jag hade planerat för Halloween!" stönade Gary, hans röst ekade genom natten. "Jag måste hitta ett sätt att bli solid igen!"

Gary svävade genom savannen och försökte lista ut vart han skulle gå. Han hade hört talas om en hemsökt skog i närheten som ryktades ha magiska hemligheter. Kanske, om han vågade sig in i skogen, kunde han hitta ett sätt att ångra sin spöklika förvandling.

När Gary närmade sig skogen verkade träden viska och svänga i det kusliga månljuset. Skogen var känd för att vara skrämmande, med lysande ögon som kikade från skuggorna och mjuka, mystiska ljud som fyllde luften. Men Gary var besluten. Han svävade förbi den första raden av träd och gick in i skogen, hans hjärta bultade av både spänning och rädsla.

Ju djupare Gary gick, desto mer magisk blev skogen. Underliga, lysande svampar prickade skogsbotten, och gnistrande eldflugor dansade runt honom. Han såg en grupp vänliga ugglor som satt på en gren, deras ögon lyste varmt i mörkret.

"Hej, herr Ugglor!" ropade Gary. "Kan ni hjälpa mig? Jag har förvandlats till ett spöke och behöver hitta ett sätt att bli solid igen."

Ugglorna hoade mjukt och flaxade med sina vingar. "Vi har hört talas om en magisk sten som är gömd djupt i denna skog," sa en av dem. "Det sägs att den har kraften att ändra saker tillbaka till deras ursprungliga form. Följ stigen av lysande svampar; de kommer att leda dig till stenen."

"Tack!" sa Gary tacksamt. Han följde stigen av lysande svampar, svävande försiktigt för att undvika att trampa på dem. Stigen ledde honom genom de mörkaste delarna av skogen, där skuggor dansade och underliga varelser såg på från hörnen av sina ögon.

Till slut kom Gary till en liten glänta som badade i månens ljus. I mitten av gläntan stod en vacker, glittrande sten på ett podium. Stenen glittrade med alla regnbågens färger, och Gary kunde känna dess magi från där han svävade.

"Detta måste vara det!" sa Gary, hans spöklika form darrade av hopp. Han svävade närmare stenen och lade märke till en gåta som var inskriven på podiumet:

"För att återvända till din form, tala med ett jubel,

Men först vid gryning kommer ditt önskemål bli klart."

Gary funderade över gåtan. Han visste att han var tvungen att vänta till gryningen för att göra sin önskan. Så han beslutade att vila vid den magiska stenen och hålla utkik över den medan natten fortgick.

När den första ljuset från gryningen började bryta genom träden samlade Gary sitt mod och talade högt. "Snälla, magiska sten, jag önskar att bli solid igen och återvända till min normala form!"

Stenen började lysa starkt och omfamnade Gary i ett varmt, gyllene ljus. Långsamt kände Gary sin kropp bli solid igen, hans ben blev återigen greppbara. Med ett sista ljusblixt var han tillbaka till sin gamla form—inte längre ett spöke, utan en giraff med sin ljusorange mantel.

"Åh, jag är tillbaka!" utropade Gary och såg på sin solida form med glädje. "Tack, magiska sten!"

Gary tog sig tillbaka genom skogen och kände sig lättad och glad. Ugglorna hoade av förtjusning när han passerade förbi, och Gary vinkade med sin långa hals i tacksamhet.

När Gary återvände till savannen såg han sina vänner vänta på honom. De hade varit oroliga för honom, men när de såg hans

Halloween-kostym och hörde om hans äventyr blev de förbluffade och glada.

"Gary, du är tillbaka!" utropade hans vän Ellie Elefant. "Berätta allt om ditt äventyr!"

Gary delade lyckligt sin historia med sina vänner, och de alla firade Halloween tillsammans med skratt och glädje. Det var en Halloween-natt som Gary aldrig skulle glömma, och han var tacksam för den magiska skogen som hade hjälpt honom att hitta tillbaka till sin solida form.

The Pumpkin Parade

In a cozy corner of the farm, nestled behind rows of cornstalks and fields of squash, there was a large, colorful pumpkin patch. Every year, on Halloween night, this pumpkin patch transformed into a magical place where pumpkins came to life and threw the most spectacular Halloween parade.

This year, the pumpkins were especially excited because they had been preparing for weeks. They wanted to make this parade the grandest one ever. Each pumpkin had a special costume and dance routine. There was Patch, the Pumpkin King, who wore a glittering golden crown. Bella, the Ballet Pumpkin, had a delicate tutu and ballet slippers. Freddie, the Funky Pumpkin, was decked out in neon colors and sunglasses, ready to boogie. And then there was Twinkle, the Star Pumpkin, adorned with tiny twinkling lights.

As the sun set and the moon began to rise, the pumpkins gathered in the center of the patch, where a large, hand-painted banner hung that read "Pumpkin Parade - Tonight Only!" The air was filled with anticipation and excitement.

"Alright, everyone!" Patch called out, his voice echoing through the patch. "It's time to start the parade! Remember, we need to work together to make this the best Halloween parade ever!"

The pumpkins cheered in agreement and took their places. Bella and her ballet troupe positioned themselves at the front, their graceful moves creating a beautiful opening. They twirled and leaped, their tulle skirts shimmering under the moonlight.

Next came Freddie, who led the funky dance section. With a beat that seemed to make the earth vibrate, Freddie and his crew danced to an energetic rhythm. They executed spins, kicks, and high jumps, making everyone in the patch smile with delight.

Twinkle, the Star Pumpkin, floated gracefully to the center of the parade, her lights twinkling in sync with the rhythm of the music. She performed a dazzling light show, illuminating the entire patch with a magical glow.

As the parade continued, the pumpkins moved along the winding paths of the patch, their costumes sparkling and their dance routines perfectly coordinated. The stars of the show, however, were the young pumpkins who were just learning to dance. They were eager to prove themselves, and they did so with enthusiasm, attempting to follow along with the more experienced dancers.

The youngest pumpkins, still a bit wobbly on their stems, had practiced a simple but charming routine. They bobbed and swayed, their tiny faces filled with concentration. Despite their inexperience, their efforts brought a sense of heartwarming joy to the parade.

As the night wore on, a gentle breeze rustled through the patch, adding to the festive atmosphere. The moonlight bathed the pumpkins in a soft, silvery glow, enhancing their costumes and making them look even more magical.

Just when everyone thought the parade couldn't get any better, the pumpkin patch was visited by a group of friendly woodland creatures. There were squirrels in tiny top hats, rabbits in sparkling vests, and even a wise old owl wearing a monocle. They had come to join in the celebration and cheer on the pumpkins.

"Welcome, friends!" Patch greeted them warmly. "We're so glad you could join our parade. Feel free to join in the fun!"

The woodland creatures eagerly joined the parade, adding their own special flair. The squirrels danced in intricate patterns, the rabbits performed acrobatic flips, and the owl floated above, casting a wise, glowing light on the festivities below.

The parade continued under the twinkling stars, a perfect blend of dancing, music, and joy. The pumpkins and their new friends celebrated together, creating memories that would last a lifetime.

As the night drew to a close, the pumpkins gathered once more at the center of the patch. They were tired but happy, their faces glowing with pride.

"Great job, everyone!" Patch exclaimed. "We've truly created something magical tonight. Let's make sure we remember this moment and the joy we've shared."

The pumpkins exchanged hugs and high-fives, their excitement still palpable. They knew that this Halloween would be one they'd never forget. With their hearts full of happiness, they settled back into their spots in the pumpkin patch, ready to rest and dream of the next Halloween parade.

As dawn approached and the first light of morning began to touch the edges of the pumpkin patch, the pumpkins settled down for a well-deserved rest. The magical night had come to an end, but the memories of the Pumpkin Parade would linger in their hearts, waiting for the next Halloween to bring another chance for festive fun and celebration.

Pumpadens Parad

På en mysig hörna av gården, gömd bakom rader av majsstjälkar och fält med squash, fanns en stor, färgglad pumpapatch. Varje år, på Halloween-natten, förvandlades denna pumpapatch till en magisk plats där pumpor kom till liv och höll den mest spektakulära Halloween-paraden.

I år var pumporna särskilt förväntansfulla eftersom de hade förberett sig i veckor. De ville göra denna parad till den mest storslagna någonsin. Varje pumpa hade ett speciellt kostym och en dansrutin. Det fanns Patch, Pumpakungen, som bar en glittrande gyllene krona. Bella, Ballettpumpan, hade en delikat tutu och balettskor. Freddie, Funkypumpan, var klädd i neongröna färger och solglasögon, redo att dansa. Och så var det Twinkle, Stjärnpumpan, prydd med små blinkande ljus.

När solen gick ner och månen började stiga, samlades pumporna i mitten av patchen, där ett stort, handmålat band hängde som det stod "Pumpadens Parad - Ikväll Endast!" Luften var fylld av förväntan och spänning.

"Alright, alla!" ropade Patch, hans röst ekade genom patchen. "Det är dags att börja paraden! Kom ihåg att vi måste arbeta tillsammans för att göra detta till den bästa Halloween-paraden någonsin!"

Pumporna jublade i samförstånd och tog sina platser. Bella och hennes baletttrupp positionerade sig längst fram, deras graciösa rörelser skapade en vacker öppning. De snurrade och hoppade, deras tyllkjolar glittrade under månens ljus.

Nästa var Freddie, som ledde den funkiga danssektionen. Med ett beat som verkade få jorden att vibrera, dansade Freddie och hans grupp till en energisk rytm. De utförde snurrar, sparkar och höga hopp, vilket fick alla i patchen att le med förtjusning.

Twinkle, Stjärnpumpan, svävade graciöst till mitten av paraden, hennes ljus blinkade i takt med musiken. Hon framförde en bländande ljusshow, som lyste upp hela patchen med ett magiskt sken.

När paraden fortsatte, rörde sig pumporna längs de slingrande stigarna i patchen, deras kostymer glittrade och deras dansrutiner var perfekt koordinerade. Stjärnorna i showen var dock de unga pumporna som just höll på att lära sig att dansa. De var ivriga att bevisa sig, och de gjorde det med entusiasm, och försökte följa med de mer erfarna dansarna.

De yngsta pumporna, fortfarande lite vacklande på sina stjälkar, hade övat på en enkel men charmig rutin. De guppade och svängde, deras små ansikten fyllda med koncentration. Trots deras oerfarenhet, gav deras insatser en hjärtevärmande glädje till paraden.

När natten fortsatte, rörde en mild bris genom patchen och tillförde den festliga atmosfären. Månens ljus badade pumporna i ett mjukt, silveraktigt sken, vilket förstärkte deras kostymer och gjorde dem ännu mer magiska.

Precis när alla trodde att paraden inte kunde bli bättre, besöktes pumpapatchen av en grupp vänliga skogsdjur. Det var ekorrar i små hattar, kaniner i glittrande västar, och till och med en vis gammal uggla med monokel. De hade kommit för att delta i firandet och heja på pumporna.

"Välkomna, vänner!" hälsade Patch dem varmt. "Vi är så glada att ni kunde delta i vår parad. Känn er fria att delta i skojet!"

Skogsdjuren anslöt sig ivrigt till paraden och lade till sin egen speciella stil. Ekorren dansade i intrikata mönster, kaninerna gjorde akrobatiska flippar, och ugglan svävade ovanför och kastade ett visdomslyst ljus över festligheterna nedanför.

Paraden fortsatte under de blinkande stjärnorna, en perfekt blandning av dans, musik och glädje. Pumporna och deras nya vänner firade tillsammans och skapade minnen som skulle vara för evigt.

När natten började lida mot sitt slut, samlades pumporna ännu en gång i mitten av patchen. De var trötta men glada, deras ansikten lyste av stolthet.

"Bra jobbat, alla!" utropade Patch. "Vi har verkligen skapat något magiskt ikväll. Låt oss se till att vi kommer ihåg detta ögonblick och den glädje vi har delat."

Pumporna utbytte kramar och high-fives, deras spänning fortfarande märkbar. De visste att denna Halloween skulle bli en de aldrig skulle glömma. Med sina hjärtan fulla av lycka, återvände de till sina platser i pumpapatchen, redo att vila och drömma om nästa Halloween-parad.

När gryningen närmade sig och det första ljuset av morgonen började röra vid kanterna av pumpapatchen, slog pumporna sig ner för en välförtjänt vila. Den magiska natten hade kommit till ett slut, men minnena från Pumpadens Parad skulle vara kvar i deras hjärtan, väntande på nästa Halloween för att ge en ny chans till festlig rolig och firande.

The Witch's Cat

In a quaint village at the edge of an ancient forest, lived a kind-hearted witch named Eliza. Her cottage, with its crooked chimney and warm, glowing windows, was always welcoming, especially on Halloween night when the village was abuzz with excitement. Eliza had a loyal companion, a clever black cat named Midnight. Midnight wasn't just any cat; he had a knack for magic and a heart full of kindness.

As Halloween approached, Eliza and Midnight were busy preparing for the festivities. Eliza brewed potions and made enchanting treats, while Midnight practiced his spellcasting, ensuring everything would be perfect. The air was crisp, and the leaves crunched underfoot as children in costumes scurried through the village, their laughter and excitement filling the night.

However, amidst all the fun, some children occasionally wandered too far from home. The forest surrounding the village was vast and dense, and it was easy for anyone to get lost among the dark trees and twisting paths.

One such Halloween night, as Midnight sat perched on a window sill, he noticed a group of children in colorful costumes running past the edge of the forest. They seemed excited but also a bit confused. Midnight's keen eyes followed them as they ventured deeper into the woods. The night had turned dark quickly, and the children's joyful chatter had faded into worried whispers.

Midnight's heart went out to them. He knew it was up to him to help. With a determined leap, Midnight landed gracefully on the ground and trotted toward the forest. The moonlight bathed the forest in a silvery glow, casting eerie shadows that danced among the trees.

As Midnight ventured deeper into the forest, he spotted the lost children huddled together, looking around with anxious eyes. The group consisted of a little witch named Emma, a pirate named Jake, a fairy named Lily, and a superhero named Max. They were all friends who had been exploring together but had lost their way.

"Hello there!" Midnight called out in his soft, melodious voice. The children looked up in surprise.

"Who are you?" Emma asked, her eyes wide with curiosity.

"I'm Midnight, and I'm here to help you find your way home," Midnight replied. "Don't worry, follow me, and I'll guide you safely back to the village."

The children hesitated for a moment but then, seeing the kindness in Midnight's eyes, they agreed. Midnight led the way, his black fur gleaming in the moonlight. As they walked, Midnight used his magical powers to light their path with glowing orbs that floated gently above their heads, illuminating the dark forest.

The journey was not without challenges. They encountered a mischievous band of forest sprites who tried to lead them astray with their tricks. But Midnight, with his clever mind and magical skills, outwitted the sprites and kept the group on the right path. The sprites, impressed by Midnight's abilities, eventually joined them, guiding them with their own twinkling lights.

As they walked, Midnight and the children sang Halloween songs and shared stories to keep their spirits up. Midnight's soothing voice and magical aura made the forest seem less daunting. The children felt reassured, and their earlier fears began to fade.

Soon, they reached the edge of the forest, where the village lights were visible in the distance. The children's faces lit up with joy, and they thanked Midnight for his help.

"Thank you so much, Midnight!" Lily said, her eyes sparkling with gratitude. "We wouldn't have made it without you."

Midnight purred in response, pleased to have helped. "It was my pleasure. Remember to stay close to home next time, especially on Halloween night. The forest can be tricky."

With that, Midnight watched as the children hurried back to their homes, their costumes swishing as they ran. They were greeted with relieved and happy parents, who had been anxiously waiting for their return.

As Midnight turned to head back to Eliza's cottage, he felt a warm sense of accomplishment. He had made a difference and helped others on this special night. The village was full of celebration and laughter, and Midnight could feel the joy radiating from every corner.

Back at the cottage, Eliza was waiting with a steaming cup of hot cocoa for Midnight. She had been worried about him but knew he was capable of handling any situation.

"Well done, Midnight!" Eliza said, giving him a loving pat. "You've done a great job tonight. The village is safer and happier because of you."

Midnight purred contentedly as he sipped his cocoa. The night had been a success, and the Halloween spirit was alive and well. As the moon climbed higher in the sky, Midnight and Eliza settled down by the fire, sharing stories of their adventures and enjoying the peace that followed a job well done.

The stars twinkled above, and the village below was filled with the sounds of laughter and celebration. Midnight, the clever and kind-hearted black cat, had once again proven that even the smallest acts of kindness could make a big difference.

Häxans Katt

I en mysig by vid kanten av en gammal skog bodde en vänlig häxa vid namn Eliza. Hennes stuga, med sin krokiga skorsten och varma, lysande fönster, var alltid inbjudande, särskilt på Halloween-natten när byn var fylld med spänning. Eliza hade en trogen vän, en smart svart katt vid namn Midnight. Midnight var inte bara en vanlig katt; han hade en förmåga för magi och ett hjärta fullt av vänlighet.

När Halloween närmade sig var Eliza och Midnight upptagna med att förbereda festligheterna. Eliza bryggde drycker och gjorde förtrollande godsaker, medan Midnight övade sina trollformler för att se till att allt skulle bli perfekt. Luften var krispig, och löven knastrade under fötterna när barn i kostymer rusade genom byn, deras skratt och spänning fyllde natten.

Men mitt bland allt roligt, hände det ibland att några barn förirrade sig för långt hemifrån. Skogen runt byn var vidsträckt och tät, och det var lätt att gå vilse bland de mörka träden och slingrande stigarna.

En sådan Halloween-natt, när Midnight satt på ett fönsterbräde, såg han en grupp barn i färgglada kostymer springa förbi kanten av skogen. De verkade glada men också lite förvirrade. Midnight följde dem med sina skarpa ögon när de vandrade djupare in i skogen. Natten hade blivit mörk snabbt, och barnens glada prat hade övergått till oroade viskningar.

Midnights hjärta gick ut till dem. Han visste att det var upp till honom att hjälpa. Med ett beslutsamt språng landade Midnight graciöst på marken och gick mot skogen. Månens ljus badade skogen i ett silveraktigt sken, som kastade kusliga skuggor som dansade bland träden.

När Midnight gick djupare in i skogen, såg han de vilsekomna barnen samlade, som såg sig omkring med oroliga ögon. Gruppen bestod av en liten häxa vid namn Emma, en pirat vid namn Jake, en fe vid namn Lily och en superhjälte vid namn Max. De var alla vänner som hade utforskat tillsammans men hade gått vilse.

"Hej där!" ropade Midnight med sin mjuka, melodiska röst. Barnen såg upp med överraskning.

"Vem är du?" frågade Emma, hennes ögon stora av nyfikenhet.

"Jag är Midnight, och jag är här för att hjälpa er hitta vägen hem," svarade Midnight. "Oroa er inte, följ mig, så leder jag er säkert tillbaka till byn."

Barnen tveka ett ögonblick men såg sedan vänligheten i Midnights ögon och gick med på att följa honom. Midnight ledde vägen, hans svarta päls glänste i månens ljus. När de gick, använde Midnight sina magiska krafter för att lysa upp deras väg med lysande sfärer som svävade försiktigt ovanför deras huvuden och belyste den mörka skogen.

Resan var inte utan utmaningar. De stötte på en busig grupp av skogsandar som försökte leda dem vilse med sina trick. Men Midnight, med sin kloka hjärna och magiska färdigheter, överlistade andarna och höll gruppen på rätt väg. Andarna, imponerade av Midnights förmågor, anslöt sig till dem och guidade dem med sina egna blinkande ljus.

När de gick sjöng Midnight och barnen Halloween-sånger och delade historier för att hålla humöret uppe. Midnights lugna röst och magiska aura gjorde skogen mindre skrämmande. Barnen kände sig trygga, och deras tidigare rädsla började försvinna.

Snart nådde de skogens kant, där byns ljus var synliga i fjärran. Barnens ansikten lyste upp med glädje, och de tackade Midnight för hans hjälp.

"Tack så mycket, Midnight!" sa Lily, hennes ögon glittrade av tacksamhet. "Vi skulle inte ha klarat det utan dig."

Midnight malde till som svar, nöjd över att ha hjälpt. "Det var mitt nöje. Kom ihåg att hålla er nära hemmet nästa gång, särskilt på Halloween-natten. Skogen kan vara knepig."

Med det såg Midnight på när barnen skyndade tillbaka till sina hem, deras kostymer svängande när de sprang. De blev mötta av lättade och glada föräldrar, som hade väntat oroligt på deras återkomst.

När Midnight vände sig för att gå tillbaka till Elizas stuga, kände han en varm känsla av prestation. Han hade gjort en skillnad och hjälpt andra denna speciella natt. Byn var fylld med festligheter och skratt, och Midnight kände glädjen stråla från varje hörn.

Tillbaka vid stugan väntade Eliza med en ångande kopp varm choklad för Midnight. Hon hade varit orolig för honom men visste att han var kapabel att hantera alla situationer.

"Bra jobbat, Midnight!" sa Eliza och gav honom en kärleksfull klapp. "Du har gjort ett fantastiskt jobb ikväll. Byn är säkrare och gladare tack vare dig."

Midnight malde till belåtet när han sippade på sin choklad. Natten hade varit en succé, och Halloween-andan var levande och väl. När månen steg högre på himlen, slog Midnight och Eliza sig ner vid elden, delade historier om deras äventyr och njöt av lugnet som följde ett väl utfört arbete.

Stjärnorna blinkade ovanför, och byn nedanför var fylld med ljudet av skratt och festligheter. Midnight, den kloka och vänliga svarta katten, hade återigen bevisat att även de minsta handlingarna av vänlighet kunde göra stor skillnad.

The Haunted House Mystery

In the small, sleepy town of Willow Creek, there was an old, abandoned house at the edge of the forest. It stood as a silent sentinel, its dark windows and ivy-clad walls giving it a mysterious and somewhat eerie aura. The townsfolk spoke of it in hushed tones, saying it was haunted by spirits of the past. On Halloween night, the house took on an even more sinister appearance, with shadows dancing across its broken windows and the wind howling through the broken panes.

A group of adventurous friends—Liam, Emma, Sophie, and Jack—had long been fascinated by the legend of the haunted house. Each Halloween, they would dare each other to get closer to it, but none had ever ventured inside. This year, however, they decided they were brave enough to explore its dark halls and uncover the truth behind the ghostly rumors.

With flashlights in hand and a sense of excitement bubbling in their stomachs, the four friends made their way to the haunted house as night fell. The moonlight cast long shadows across the overgrown path leading to the front door, which creaked open with an ominous groan as they pushed it.

"Are we really doing this?" Liam asked, his voice trembling slightly with a mix of fear and excitement.

"Absolutely," Emma replied with a determined nod. "Tonight's the night we solve the mystery."

The group stepped into the foyer, their footsteps echoing in the stillness. Dust motes danced in the air as their flashlights swept over the walls, revealing faded wallpaper and cobwebs. The house seemed to sigh around them, the wooden floors creaking under their weight.

"We should stick together," Sophie said, her voice steady despite the nerves in her eyes. "If we split up, we might get lost or worse."

Jack, always the jokester, tried to lighten the mood. "Don't worry, I've got a flashlight and a bag of candy. If we run into ghosts, I'll bribe them with chocolate."

The friends chuckled, though the sound was quickly swallowed by the eerie silence of the house. They explored room by room, finding nothing more alarming than old furniture draped in sheets and layers of dust. Yet, as they ventured deeper into the house, they began to notice strange things: a cold draft that seemed to follow them, a distant whisper that made the hairs on their necks stand up, and an occasional flicker of shadow that darted across the walls.

In the living room, they discovered a large, ornate mirror covered with a tattered cloth. Liam, always the curious one, pulled the cloth away, revealing an intricately carved frame and a glass surface that seemed to shimmer with an otherworldly light. As he wiped the dust away, he noticed something strange: the reflection showed a different room, one that they had not seen before.

"Guys, come look at this," Liam called out, his voice tinged with excitement.

The others gathered around, peering into the mirror. The reflection showed a hidden door in the wall behind them. "That's not in this room," Emma observed. "It must be somewhere else in the house."

With renewed determination, the group set out to find the hidden door. They combed through every room, checking every wall and floorboard for any sign of a secret passage. After what felt like hours, they finally stumbled upon a small, concealed door behind a dusty bookcase in the library.

"This must be it!" Jack exclaimed, his eyes wide with excitement. "Let's see where it leads."

The door creaked open to reveal a narrow staircase leading down into darkness. The friends hesitated for a moment before descending cautiously. The air grew colder as they went deeper, and the distant whispers grew louder, though they couldn't quite make out the words.

At the bottom of the stairs, they found themselves in a dimly lit underground chamber. The room was filled with old, forgotten furniture covered in sheets, and the air was thick with dust. In the center of the room stood an old chest, its wood dark and worn with age.

"Do you think this is it?" Sophie asked, her voice barely a whisper.

"There's only one way to find out," Emma said, stepping forward and carefully opening the chest.

Inside, they discovered a trove of old coins, jewelry, and various artifacts. The friends stared in awe at the treasure they had uncovered. It was clear that the house's haunting had been a cover for the hidden loot, left behind by someone long ago.

As they examined the treasure, they heard a soft, ethereal laugh. The room seemed to brighten, and a warm, gentle breeze swept through. The friends turned to see a faint, glowing figure standing in the corner—a kindly old man with a twinkle in his eye.

"Thank you for finding my treasure," the ghostly figure said. "I've been waiting for someone to discover it and share it with the world."

The friends were astonished but also relieved to see that the haunting wasn't something to fear but rather a lingering spirit who had been waiting for the right moment to reveal his secret. The ghost continued, "I was a collector of rare and valuable things. When I passed, I hid my treasures in this house and enchanted it to keep it safe until someone pure of heart came to find it."

With the mystery solved and the treasure revealed, the friends made their way back to the surface, carrying with them not only the treasure but also a newfound sense of bravery and accomplishment. The ghostly figure waved them off with a smile before fading away, leaving the house to its peaceful silence.

The next day, the town was abuzz with the news of the discovered treasure. The friends were hailed as heroes and were given a place of honor in the town's history. The haunted house was no longer a place of fear but rather a symbol of adventure and discovery.

As Halloween night came around again, the friends looked back on their adventure with fond memories. They had faced their fears, solved a mystery, and uncovered a hidden treasure, all while strengthening their bond of friendship. The haunted house had given them a story they would tell for years to come, a story of courage, teamwork, and the magic of Halloween.

Det Spöklika Husets Mysterium

I den lilla, sömniga staden Willow Creek fanns ett gammalt, övergivet hus vid skogskanten. Det stod som en tyst bevakare, med sina mörka fönster och murgröna-klädda väggar som gav det ett mystiskt och något kusligt utseende. Byborna talade om det i tysta ordalag, och sa att det var hemsökt av det förflutnas andar. På Halloween-natten fick huset ett ännu mer skrämmande utseende, med skuggor som dansade över de trasiga fönstren och vinden som ylade genom de brutna glasen.

En grupp äventyrliga vänner—Liam, Emma, Sophie och Jack—hade länge varit fascinerade av legenden om det spöklika huset. Varje Halloween vågade de sig närmare det, men ingen hade någonsin vågat sig in. I år, däremot, bestämde de sig för att de var tillräckligt modiga för att utforska dess mörka korridorer och avslöja sanningen bakom de spöklika ryktena.

Med ficklampor i handen och en känsla av spänning som bubblade i magen, tog de fyra vännerna sig till det spöklika huset när natten föll. Månskenet kastade långa skuggor över den övervuxna stigen som ledde till ytterdörren, som gnisslade öppet med ett hotfullt knarrande när de tryckte den.

"Gör vi verkligen det här?" frågade Liam, hans röst skakade lite av en blandning av rädsla och spänning.

"Absolut," svarade Emma med ett beslutsamt nick. "Ikväll är natten då vi löser mysteriet."

Gruppen steg in i foajén, deras steg ekande i stillheten. Dammkorn dansade i luften när deras ficklampor svepte över väggarna, och avslöjade urblekt tapet och spindelväv. Huset verkade sucka runt dem, de trägolv knarrade under deras vikt.

"Vi borde hålla ihop," sa Sophie, hennes röst var stadig trots nerverna i hennes ögon. "Om vi delar på oss kan vi gå vilse eller värre."

Jack, som alltid var den som skämtade, försökte lätta på stämningen. "Oroa er inte, jag har en ficklampa och en påse godis. Om vi stöter på spöken, kommer jag att muta dem med choklad."

Vännerna skrattade, även om ljudet snabbt försvann i den kusliga tystnaden i huset. De utforskade rum för rum, och hittade inget mer skrämmande än gamla möbler täckta av lakan och lager av damm. Men när de gick djupare in i huset började de lägga märke till konstiga saker: ett kallt drag som verkade följa dem, ett avlägset viskande som fick håren på deras nackar att resa sig, och enstaka blinkningar av skugga som for över väggarna.

I vardagsrummet upptäckte de en stor, utsmyckad spegel täckt med en sliten duk. Liam, som alltid var den nyfikne, drog bort duken och avslöjade en intrikat snidad ram och en glasytan som verkade skimra med ett övernaturligt ljus. När han torkade bort dammet såg han något konstigt: spegelbilden visade ett annat rum, ett som de inte hade sett tidigare.

"Kom och titta på det här," ropade Liam, hans röst fylld av spänning.

De andra samlades runt, och kikade in i spegeln. Reflektionen visade en gömd dörr i väggen bakom dem. "Det finns inte i det här rummet," observerade Emma. "Det måste vara någon annanstans i huset."

Med förnyad beslutsamhet började gruppen leta efter den gömda dörren. De genomsökte varje rum, och kollade varje vägg och golvplanka efter någon tecken på en hemlig passage. Efter vad som kändes som timmar, snubblade de slutligen över en liten, dold dörr bakom en dammig bokhylla i biblioteket.

"Det här måste vara det!" utropade Jack, hans ögon var stora av spänning. "Låt oss se var det leder."

Dörren knarrade öppet för att avslöja en smal trappa som ledde ner i mörkret. Vännerna tveklade ett ögonblick innan de försiktigt började gå neråt. Luften blev kallare ju djupare de kom, och det avlägsna viskandet blev högre, även om de inte riktigt kunde förstå orden.

I botten av trappen befann de sig i ett svagt upplyst underjordiskt rum. Rummet var fyllt med gamla, glömda möbler täckta av lakan, och luften var tjock av damm. I mitten av rummet stod en gammal kista, dess trä mörkt och slitet med åldern.

"Tror ni det här är det?" frågade Sophie, hennes röst knappt en viskning.

"Det finns bara ett sätt att ta reda på det," sa Emma och gick fram och öppnade försiktigt kistan.

Inuti upptäckte de en skatt av gamla mynt, smycken och olika artefakter. Vännerna stirrade i förundran på skatten de hade upptäckt. Det var tydligt att husets hemsökelse hade varit en täckmantel för den gömda skatten, som lämnats kvar av någon länge sedan.

När de granskade skatten hörde de ett mjukt, eteriskt skratt. Rummet verkade lysa upp, och en varm, vänlig bris svepte genom. Vännerna vände sig om och såg en svag, glödande gestalt stå i hörnet—en vänlig gammal man med en glimt i ögat.

"Tack för att ni hittade min skatt," sa den spöklika gestalten. "Jag har väntat på att någon skulle upptäcka den och dela den med världen."

Vännerna var förvånade men också lättade över att se att hemsökelsen inte var något att frukta, utan snarare en kvarstående ande som hade väntat på rätt tillfälle att avslöja sin hemlighet. Spöket fortsatte: "Jag var en samlare av sällsynta och värdefulla saker. När jag gick bort gömde jag mina skatter i detta hus och förtrollade det för att hålla det säkert tills någon med rent hjärta kom för att hitta det."

Med mysteriet löst och skatten avslöjad, tog sig vännerna tillbaka till ytan, bärande med sig inte bara skatten utan också en nyfunnen känsla av mod och prestation. Den spöklika gestalten vinkade av dem med ett leende innan han försvann, och lämnade huset i fredlig tystnad.

Nästa dag var staden uppfylld med nyheterna om den upptäckta skatten. Vännerna hyllades som hjältar och fick en hedersplats i stadens historia. Det spöklika huset var inte längre en plats för rädsla utan snarare en symbol för äventyr och upptäckter.

När Halloween-natten kom igen, såg vännerna tillbaka på sitt äventyr med varma minnen. De hade mött sina rädslor, löst ett mysterium och upptäckt en gömd skatt, allt medan de stärkte sin vänskapsband. Det spöklika huset hade gett dem en berättelse som de skulle berätta i många år framöver, en berättelse om mod, teamwork och Halloween-magi.

The Little Vampire's Big Night

In the heart of the Transylvanian woods, nestled among the towering, ancient trees, stood a charming little castle. It was home to a kindly family of vampires who lived peacefully with their magical neighbors. This Halloween was particularly special for one little vampire named Viktor. It was his very first Halloween party, and Viktor was both excited and nervous.

Viktor had heard all sorts of things about Halloween parties: they were lively, full of games and laughter, and a wonderful chance to make new friends. But he also worried about fitting in. He wasn't like the other vampires; he was small, with large, curious eyes and a friendly smile that often seemed out of place among the more serious faces of his family.

On the evening of Halloween, Viktor stood before his closet, staring at a range of costumes laid out by his parents. His mother, a graceful vampire with a long, flowing gown, had picked out a classic Dracula cape for him, while his father had suggested a mischievous little devil costume. Viktor, however, wanted to stand out in his own way.

After much thought, he decided on a costume that was a bit different: a friendly ghost. His reasoning was simple—if he was a ghost, he could float around and not worry too much about his size. With a gleaming sheet draped over him and a pair of cut-out eyes, Viktor felt ready, albeit a bit apprehensive.

The party was being held in the grand ballroom of the castle, and as Viktor approached, he could hear the sounds of laughter and music drifting out into the night air. Taking a deep breath, he pushed open the heavy oak doors and stepped inside.

The ballroom was a whirlwind of color and excitement. Bats fluttered around the chandeliers, and colorful lights danced across the walls. The room was filled with vampires, witches, werewolves, and other magical creatures, all in their most extravagant costumes. Viktor's ghostly white sheet seemed to glow in the dim light, making him look both adorable and slightly out of place.

As he hesitated by the door, Viktor noticed a group of children playing a game of bobbing for apples. Their laughter was infectious, and he felt a pang of longing. He wanted to join in, but he was afraid he might not be good enough or that he would make a fool of himself.

Just then, a friendly voice broke through his thoughts. "Hi there! Are you new here?"

Viktor turned to see a young werewolf with a big, warm smile. Her name was Luna, and she was dressed as a fairy princess. "Yes," Viktor admitted, feeling shy. "It's my first Halloween party."

Luna's eyes sparkled with understanding. "Mine too! Let's explore together. I know some fun games we can try."

Relieved and grateful, Viktor followed Luna as she led him to a table full of Halloween treats. There were cupcakes with orange frosting, candy corn, and punch in spooky, bubbling cauldrons. Luna offered him a cupcake, and Viktor couldn't help but smile as he took a big bite. The sweet taste was delightful and eased his nerves.

After the treats, Luna introduced Viktor to some of her friends. There was Max, a vampire with a cape so long it dragged on the floor, and Bella, a witch with a hat so tall it almost touched the ceiling. They were playing a game of musical chairs, and Luna invited Viktor to join in.

At first, Viktor felt awkward, but as the game progressed, he started to have fun. He discovered he was pretty good at dodging the other players and maneuvering around the chairs. Laughter filled the room as Viktor successfully avoided being "out" and managed to grab a chair each time the music stopped. His confidence began to grow with each round.

After musical chairs, it was time for the costume contest. Viktor watched as the most extravagant costumes paraded across the stage. There were vampires with sparkling capes, witches with shimmering brooms, and werewolves with fur that seemed to glow in the dark. Viktor felt a bit self-conscious in his ghost costume, but Luna encouraged him to join the fun.

"You look amazing, Viktor! Ghosts are super cool," she said with a wink.

When it was Viktor's turn, he floated onto the stage, his ghost sheet fluttering gently. He did his best ghostly "woo" and twirled around, trying to impress the judges. To his surprise, the crowd erupted in applause and cheers. Viktor beamed with pride as he took his place back among his new friends.

As the night wore on, Viktor joined in the various activities: a treasure hunt where he had to find hidden candies, a spooky storytelling session where he got to tell his own ghost story, and a dance party where he floated and swayed to the music.

By the end of the night, Viktor felt like he had truly become part of the Halloween celebration. He had made new friends, discovered new games, and had an incredible time. The initial nervousness he felt had vanished, replaced by joy and a sense of belonging.

As the clock struck midnight and the party began to wind down, Viktor's parents found him chatting animatedly with his new friends. His mother and father smiled with pride at how well their little vampire had adjusted.

"Looks like you had a great time," his father said as Viktor bounded over to them, his ghost costume slightly disheveled but his smile bright and happy.

"I did!" Viktor exclaimed. "I made so many new friends and had so much fun."

His mother hugged him warmly. "We're so proud of you for overcoming your nerves and joining the celebration."

With the party coming to a close, Viktor and his new friends exchanged goodbyes and promises to meet again next Halloween. As Viktor floated home with his parents, he couldn't help but reflect on the wonderful evening he had experienced.

He realized that Halloween was not just about costumes and candy, but also about making connections, overcoming fears, and celebrating with friends. Viktor's first Halloween party had been a night of magical memories, and he knew he would look back on it with a smile for years to come.

Den Lilla Vampyrens Stora Natt

I hjärtat av de transsylvanska skogarna, omgiven av de höga, urgamla träden, stod ett charmigt litet slott. Det var hem till en vänlig familj av vampyrer som levde fredligt med sina magiska grannar. Denna Halloween var särskilt speciell för en liten vampyr vid namn Viktor. Det var hans allra första Halloween-fest, och Viktor var både uppspelt och nervös.

Viktor hade hört alla möjliga saker om Halloween-fester: de var livliga, fulla av spel och skratt, och ett underbart tillfälle att få nya vänner. Men han oroade sig också för att passa in. Han var inte som de andra vampyrerna; han var liten, med stora, nyfikna ögon och ett vänligt leende som ofta verkade malplacerat bland de mer allvarliga ansiktena i hans familj.

På Halloween-kvällen stod Viktor framför sin garderob och stirrade på en rad kostymer som hans föräldrar hade valt ut. Hans mamma, en graciös vampyr med en lång, flödande klänning, hade valt en klassisk Dracula-kappa för honom, medan hans pappa hade föreslagit ett busigt litet djävulskostym. Viktor ville dock sticka ut på sitt eget sätt.

Efter mycket övervägande beslutade han sig för ett kostym som var lite annorlunda: en vänlig spöke. Hans resonemang var enkelt—om han var ett spöke, kunde han sväva omkring och inte behöva oroa sig så mycket för sin storlek. Med ett glänsande lakan draperat över sig och ett par utklippta ögon kände Viktor sig redo, om än lite tveksam.

Festen hölls i det stora balsalen på slottet, och när Viktor närmade sig, kunde han höra ljudet av skratt och musik som flöt ut i nattluften. Han tog ett djupt andetag, tryckte upp de tunga ekdörrarna och steg in.

Balsalen var en virvelvind av färg och spänning. Fladdermöss flög runt i kristallkronorna, och färgglada ljus dansade över väggarna. Rummet var fyllt med vampyrer, häxor, varulvar och andra magiska varelser, alla i sina mest extravaganta kostymer. Viktors spöklika vita lakan verkade lysa i det dämpade ljuset, vilket fick honom att se både söt och något malplacerad ut.

När han tveksamt stod vid dörren, lade Viktor märke till en grupp barn som lekte ett spel med att fiska efter äpplen. Deras skratt var smittsamt, och han kände en längtan. Han ville vara med, men han var rädd att han kanske inte var tillräckligt bra eller att han skulle göra bort sig.

Just då bröts hans tankar av en vänlig röst. "Hej där! Är du ny här?"

Viktor vände sig om och såg en ung varulv med ett stort, varmt leende. Hon hette Luna och var klädd som en älvprinsessa. "Ja," erkände Viktor, kände sig blyg. "Det är min första Halloween-fest."

Lunas ögon glittrade av förståelse. "Det är min också! Låt oss utforska tillsammans. Jag känner till några roliga spel vi kan prova."

Lättad och tacksam följde Viktor Luna när hon ledde honom till ett bord fullt av Halloween-godis. Det fanns cupcakes med orange glasyr, godis-majs och punch i spöklika, bubblande kittlar. Luna erbjöd honom en cupcake, och Viktor kunde inte låta bli att le när han tog en stor bit. Den söta smaken var härlig och lugnade hans nerver.

Efter godsakerna presenterade Luna Viktor för några av sina vänner. Det fanns Max, en vampyr med en mantel så lång att den drog på golvet, och Bella, en häxa med en hatt så hög att den nästan rörde vid taket. De spelade ett spel med musikstolar, och Luna inbjöd Viktor att vara med.

Till en början kände Viktor sig obekväm, men när spelet fortskred började han ha roligt. Han upptäckte att han var ganska bra på att undvika de andra spelarna och manövrera runt stolarna. Skratt fyllde rummet när Viktor framgångsrikt undvek att bli "ute" och lyckades ta en stol varje gång musiken stannade. Hans självförtroende började växa med varje omgång.

Efter musikstolarna var det dags för kostymtävlingen. Viktor tittade när de mest extravaganta kostymerna paraderade över scenen. Det fanns vampyrer med glittrande mantlar, häxor med skimrande kvastar och varulvar med päls som verkade lysa i mörkret. Viktor kände sig lite självkritisk i sitt spöke-kostym, men Luna uppmuntrade honom att delta i det roliga.

"Du ser fantastisk ut, Viktor! Spöken är supercoola," sa hon med ett blinkande öga.

När det var Viktors tur, svävade han upp på scenen, hans spöklakan fladdrade mjukt. Han gjorde sitt bästa spöklika "woo" och snurrade runt, försökte imponera på domarna. Till sin förvåning brast publiken ut i applåder och jubel. Viktor strålade av stolthet när han tog sin plats bland sina nya vänner.

När natten fortskred deltog Viktor i de olika aktiviteterna: en skattjakt där han skulle hitta gömda godisar, en spöklik berättartimme där han fick berätta sin egen spökhistoria, och en dansfest där han svävade och svängde till musiken.

I slutet av natten kände Viktor att han verkligen hade blivit en del av Halloween-festen. Han hade fått nya vänner, upptäckt nya spel och haft en fantastisk tid. Den initiala nervositeten hade försvunnit, ersatt av glädje och en känsla av tillhörighet.

När klockan slog midnatt och festen började ta slut, fann Viktors föräldrar honom som pratade entusiastiskt med sina nya vänner. Hans mamma och pappa log med stolthet över hur väl deras lilla vampyr hade anpassat sig.

"Det verkar som du hade en fantastisk tid," sa hans pappa när Viktor kom springande till dem, hans spöke-kostym lite rufsad men hans leende lysande och glatt.

"Jag hade det!" utbrast Viktor. "Jag fick så många nya vänner och hade så roligt."

Hans mamma kramade honom varmt. "Vi är så stolta över dig för att du övervann din nervositet och deltog i firandet."

Med festen som började avslutas, utbytte Viktor och hans nya vänner farväl och lovade att ses igen nästa Halloween. När Viktor svävade hem med sina föräldrar, kunde han inte låta bli att tänka på den underbara kvällen han hade upplevt.

Han insåg att Halloween inte bara handlade om kostymer och godis, utan också om att skapa kopplingar, övervinna rädslor och fira med vänner. Viktors första Halloween-fest hade varit en natt fylld av magiska minnen, och han visste att han skulle se tillbaka på den med ett leende i många år framöver.

The Spooky School

In the heart of a misty forest, hidden beneath the canopy of ancient trees, stood the Whispering Oaks Academy. This was no ordinary school; it was a magical institution where students learned spells, potions, and the art of enchantment. As Halloween approached, excitement buzzed through the halls and classrooms, and the school was abuzz with preparations for the annual Halloween celebration.

Among the students was Ella, a young witch with a curious mind and a mischievous streak. She was excited for the Halloween festivities, but what made this year even more special was the rumor that a series of magical pranks would be played throughout the school. Ella, always ready for an adventure, was determined to figure out the truth behind these spooky rumors.

As Halloween night drew closer, whispers of eerie happenings began to spread. Students spoke of floating candles, talking pumpkins, and mysterious voices echoing through the corridors. Some students were thrilled, while others were a bit scared.

Ella's best friends, Liam and Sophie, were equally intrigued. Liam, a wizard with a knack for inventing gadgets, and Sophie, an enchantress with a talent for potions, joined Ella in their quest to uncover the truth. Together, they decided to investigate the mysterious occurrences and solve the Halloween mystery.

On Halloween night, the school was transformed into a wonderland of spooky decorations. Cobwebs draped from the chandeliers, jack-o'-lanterns flickered with eerie glows, and the walls were adorned with floating ghosts. The students, dressed in their best costumes, gathered in the grand hall for the annual Halloween feast.

As the feast commenced, the first prank was unleashed. A sudden gust of wind sent a shower of fake spider webs cascading down from the ceiling. The webs landed on unsuspecting students, causing squeals of surprise and laughter. Ella, Liam, and Sophie exchanged knowing glances, ready to uncover the source of the prank.

After the feast, the students ventured into the school's enchanted gardens for the traditional Halloween scavenger hunt. The garden was filled with magical creatures, hidden clues, and enchanted objects. As Ella and her friends began their search, they noticed something unusual. The clues seemed to lead them in circles, and some of the enchanted objects appeared to be moving on their own.

"This is definitely not a normal scavenger hunt," Liam said, adjusting his gadget-laden backpack. "These clues are enchanted!"

Sophie, who had been examining a glowing pumpkin, nodded. "And these pumpkins keep whispering secrets. I think we're in for more than we expected."

The trio pressed on, following the magical clues through the garden. They encountered talking scarecrows that tried to give them riddles, mischievous bats that fluttered around their heads, and a particularly tricky ghost that playfully moved the clues around.

As they navigated through the garden, the pranks became more elaborate. A fountain suddenly erupted with sparkling, glowing water, and the trees seemed to whisper spooky messages. The trio realized that the pranks were all part of a larger game, designed to test their wits and teamwork.

The final clue led them to a hidden grove at the edge of the garden. In the center of the grove stood a large, ancient tree with a hollow trunk. Ella reached inside the trunk and pulled out a scroll. Unrolling it, they discovered a message written in shimmering ink.

"Congratulations! You have completed the Halloween challenge. The pranks were part of a friendly game designed to celebrate the spirit of Halloween and test your magical skills. Join us at the Hall of Enchantment for the final celebration."

Excited and relieved, Ella, Liam, and Sophie made their way to the Hall of Enchantment. The hall was adorned with glowing lanterns and shimmering decorations. The students gathered for the grand finale of the Halloween celebration.

As the students took their seats, the headmaster, a wise and kindly sorcerer, stepped onto the stage. "Well done, everyone! The pranks were part of our Halloween game, meant to bring joy and challenge. You've all shown great teamwork and bravery."

Ella, Liam, and Sophie beamed with pride as the headmaster continued. "In recognition of your efforts, we present you with the Halloween Spirit Award, a token of your achievement."

The trio received their awards with cheers from their fellow students. The rest of the evening was filled with music, dancing, and laughter. Ella and her friends enjoyed the festivities, grateful for the adventure they had shared.

As the night drew to a close, Ella reflected on the Halloween celebration. She realized that the pranks and challenges had not only been a test of their magical abilities but also a way to bring the students closer together. The friendly game had fostered camaraderie and fun, making this Halloween one they would never forget.

Ella, Liam, and Sophie left the Hall of Enchantment with smiles on their faces and hearts full of joy. They knew that the magic of Halloween was not just in the tricks and treats but in the friendships and memories they had made.

The Whispering Oaks Academy returned to its peaceful routine after the Halloween festivities, but the memory of the spooky school's friendly pranks would linger in the hearts of its students for years to come.

Den Spöklika Skolan

I hjärtat av en dimmig skog, gömd under taket av urgamla träd, stod Whispering Oaks Academy. Detta var ingen vanlig skola; det var en magisk institution där eleverna lärde sig trollformler, brygder och konsten att förtrolla. När Halloween närmade sig var spänningen påtaglig i korridorerna och klassrummen, och skolan var fylld med förberedelser för den årliga Halloween-festen.

Bland eleverna fanns Ella, en ung häxa med en nyfiken själ och en busig ådra. Hon var uppspelt inför Halloween-firandet, men det som gjorde detta år ännu mer speciellt var ryktet om att en rad magiska bus skulle utspela sig genom hela skolan. Ella, alltid redo för äventyr, var besluten att ta reda på sanningen bakom dessa spöklika rykten.

När Halloween-natten närmade sig började viskningarna om kusliga händelser sprida sig. Eleverna talade om svävande ljus, pratande pumpor och mystiska röster som ekade genom korridorerna. Vissa elever var exalterade, medan andra var lite rädda.

Ellas bästa vänner, Liam och Sophie, var lika nyfikna. Liam, en trollkarl med ett sinne för att uppfinna prylar, och Sophie, en förtrollerska med en talang för brygder, gick med Ella i hennes strävan att avslöja sanningen. Tillsammans bestämde de sig för att undersöka de mystiska händelserna och lösa Halloween-mysteriet.

På Halloween-natten var skolan förvandlad till ett underland av spöklika dekorationer. Spindelväv hängde från kristallkronorna, jack-o'-lanterns flammade med kusliga sken och väggarna var prydda med svävande spöken. Eleverna, klädda i sina mest extravaganta kostymer, samlades i den stora hallen för den årliga Halloween-middagen.

När middagen började, släpptes det första buset lös. En plötslig vindpust skickade en dusch av falska spindelväv ner från taket. Väven landade på intet ont anande elever, vilket orsakade skratt och överraskningar. Ella, Liam och Sophie bytte förstående blickar och var redo att avslöja källan till buset.

Efter middagen gick eleverna till skolans förtrollade trädgårdar för den traditionella Halloween-skattjakten. Trädgården var fylld med magiska varelser, gömda ledtrådar och förtrollade föremål. När Ella och hennes vänner började söka, märkte de något ovanligt. Ledtrådarna verkade leda dem i cirklar, och några av de förtrollade föremålen verkade röra på sig själva.

"Det här är definitivt ingen vanlig skattjakt," sa Liam och justerade sin ryggsäck fylld med gadgets. "Dessa ledtrådar är förtrollade!"

Sophie, som hade undersökt en glödande pumpa, nickade. "Och dessa pumpor fortsätter viska hemligheter. Jag tror vi är på väg att få mer än vi förväntat oss."

Trion fortsatte, följde de magiska ledtrådarna genom trädgården. De stötte på pratande skrämselgubbar som försökte ge dem gåtor, busiga fladdermöss som flög runt deras huvuden och ett särskilt knepigt spöke som lekfullt flyttade runt ledtrådarna.

När de navigerade genom trädgården blev busen mer detaljerade. En fontän plötsligt sprutade ut glittrande, lysande vatten, och träden verkade viska spöklika meddelanden. Trion insåg att busen var en del av ett större spel, designat för att testa deras skicklighet och teamwork.

Den sista ledtråden ledde dem till en gömd glänta vid kanten av trädgården. I mitten av gläntan stod ett stort, gammalt träd med en ihålig stam. Ella räckte in i stammen och drog ut en rulle. När hon rullade ut den upptäckte de ett meddelande skrivet med skimrande bläck.

"Grattis! Du har avslutat Halloween-utmaningen. Busen var en del av ett vänligt spel som var tänkt att fira Halloween-andan och testa dina magiska färdigheter. Följ med oss till Hall of Enchantment för den sista firandet."

Förväntansfulla och lättade gick Ella, Liam och Sophie till Hall of Enchantment. Hallen var dekorerad med lysande lyktor och skimrande dekorationer. Eleverna samlades för den storslagna finalen av Halloween-firandet.

När eleverna tog sina platser steg rektorn, en vis och vänlig trollkarl, upp på scenen. "Bra jobbat alla! Busen var en del av vårt Halloween-spel, avsett att bringa glädje och utmana er. Ni har alla visat utmärkt teamwork och mod."

Ella, Liam och Sophie strålade av stolthet när rektorn fortsatte. "Som erkännande för era insatser, ger vi er Halloween Spirit Award, ett tecken på er prestation."

Trion tog emot sina priser med jubel från sina kamrater. Resten av kvällen fylldes med musik, dans och skratt. Ella och hennes vänner njöt av festligheterna, tacksamma för det äventyr de delat.

När natten började ta slut reflekterade Ella över Halloween-firandet. Hon insåg att busen och utmaningarna inte bara hade varit ett test av deras magiska förmågor, utan också ett sätt att föra eleverna närmare varandra. Det vänliga spelet hade främjat kamratskap och roligt, vilket gjorde denna Halloween till en de aldrig skulle glömma.

Ella, Liam och Sophie lämnade Hall of Enchantment med leenden på sina ansikten och hjärtan fyllda med glädje. De visste att Halloween-magin inte bara handlade om trick och treats, utan också om vänskaper och minnen de hade skapat.

Whispering Oaks Academy återvände till sin fridfulla rutin efter Halloween-festligheterna, men minnet av den spöklika skolans vänliga bus skulle finnas kvar i elevernas hjärtan i många år framöver.

The Enchanted Candy

In the quaint town of Maplewood, Halloween was always a special time of year. The streets were adorned with colorful decorations, and children in costumes roamed from house to house, collecting candy. But this Halloween was different. A mysterious new shop had appeared overnight, tucked between the bakery and the old bookstore. The sign above the door read "Whimsy's Enchanted Treats."

Inside the shop, shelves were lined with all sorts of sweet delights, each more enticing than the last. But it was the glowing, shimmering candy in the corner that caught everyone's eye. The shopkeeper, a cheerful woman with twinkling eyes, promised that these candies were enchanted and could grant wishes.

The townspeople were intrigued, but most were cautious. However, for three adventurous friends—Emma, Liam, and Sophie—the enchanted candy seemed like the perfect Halloween thrill. After much excitement and deliberation, they each bought a piece of the glowing candy and set off for their Halloween night adventures.

As they walked down Maplewood's main street, the friends couldn't wait to try their enchanted treats. Emma unwrapped her candy first. It was a sparkling, star-shaped lollipop. With a giggle, she made a wish. "I wish I could fly like a superhero!" she declared.

In an instant, Emma felt a tingling sensation and then, to her amazement, she was lifted off the ground. She soared above the houses, feeling the wind rush past her. But her excitement quickly turned to panic when she realized she couldn't control her flight. Emma zipped around the town, narrowly avoiding chimneys and treetops. She finally landed in a tree, surrounded by concerned townsfolk looking up.

Meanwhile, Liam had chosen a candy shaped like a dragon. As he bit into it, he wished for a dragon to appear and help him find the best Halloween decorations in town. Suddenly, a real dragon materialized, breathing small puffs of fire and roaring loudly. The dragon's arrival caused chaos, knocking over decorations and scaring the townspeople.

Sophie, who had picked a candy shaped like a magical wand, made her wish. "I wish I could cast spells and make everything Halloween-themed!" she said. At first, it seemed like a wonderful wish. Pumpkins and cobwebs appeared everywhere, and even the moon seemed to glow orange. But soon, the constant influx of Halloween decorations became overwhelming. The town was cluttered with so many spooky items that people could barely move.

The friends quickly realized that their wishes had unintended consequences. They gathered in the town square to figure out how to fix things. Emma was still stuck in the tree, Liam's dragon was causing havoc, and Sophie's decorations were getting out of hand.

"We need to find a way to fix this before it gets worse," said Emma, now on the ground thanks to the help of some firefighters.

Liam suggested, "We need to get help from the shopkeeper. She might know how to reverse these wishes."

The trio hurried back to Whimsy's Enchanted Treats, but the shop was closed. They noticed a note on the door: "Gone to help with Halloween emergencies. Will return soon."

While they waited, Emma, Liam, and Sophie tried their best to manage the chaos. Emma used her flying ability to help direct the dragon away from town, while Liam used his dragon's fire breath to burn away the excess Halloween decorations. Sophie, with her wand still working, cast a spell to calm the dragon and make the decorations more manageable.

When the shopkeeper finally returned, she found the town in disarray. Emma, Liam, and Sophie explained the situation, and the shopkeeper nodded sympathetically.

"These candies are indeed magical," she said. "But magic often comes with a price. Each wish granted can have unintended consequences. To reverse the effects, you must make a new wish to correct the first one."

Emma thought hard and made her wish. "I wish I could control my flying so I can help without causing trouble."

Liam wished, "I wish the dragon would return to its realm and stop causing chaos."

Sophie made her wish last. "I wish all the Halloween decorations would be tidied up and the town returned to normal."

With a flick of the shopkeeper's wand, the magical effects of the wishes began to reverse. Emma's flying ability was now under control, allowing her to assist in a more orderly manner. The dragon vanished with a puff of smoke, and the Halloween decorations were neatly packed away.

The town of Maplewood slowly returned to its usual peaceful self. The friends, though tired, were relieved. They had learned an important lesson about the power of wishes and the need for careful consideration.

As they walked home, the shopkeeper called out, "Remember, my friends, magic is a wonderful thing, but it's always best to be mindful of what you wish for."

Emma, Liam, and Sophie agreed, grateful for the adventure and the lesson they had learned. They decided to help clean up the town and spread the word about the enchanted candy's true nature.

That Halloween ended up being one of the most memorable in Maplewood's history. Not just for the magical mayhem, but for the way the community came together to solve the problems and support one another. Emma, Liam, and Sophie's adventure had taught them that while magic can be enchanting, it's the care and cooperation of friends that truly make a difference.

And so, Maplewood's Halloween celebrations continued with a new sense of wonder and caution, and the legend of the enchanted candy became a cherished story for generations to come.

61

Det Förhäxade Godiset

I den charmiga staden Maplewood var Halloween alltid en speciell tid på året. Gatorna var prydda med färgglada dekorationer, och barnen i kostymer vandrade från hus till hus och samlade godis. Men detta Halloween var annorlunda. En mystisk ny butik hade dykt upp över natten, placerad mellan bageriet och den gamla bokhandeln. Skylten ovanför dörren löd "Whimsy's Förhäxade Godis."

Inuti butiken var hyllorna fyllda med alla möjliga söta delikatesser, var och en mer lockande än den förra. Men det var det lysande, skimrande godiset i hörnet som fångade allas ögon. Butiksinnehavaren, en glad kvinna med glittrande ögon, lovade att detta godis var förhäxat och kunde uppfylla önskningar.

Stadsborna var nyfikna, men de flesta var försiktiga. Men för tre äventyrliga vänner—Emma, Liam och Sophie—verkade det förhäxade godiset som den perfekta Halloween-spänningen. Efter mycket förväntan och överläggning köpte de var sitt stycke av det lysande godiset och begav sig ut på sina Halloween-äventyr.

När de gick nerför Maplewoods huvudgata kunde vännerna knappt vänta med att prova sina förhäxade godsaker. Emma öppnade sitt godis först. Det var en glittrande, stjärnformad lollipop. Med ett skratt önskade hon. "Jag önskar att jag kunde flyga som en superhjälte!" deklarerade hon.

På ett ögonblick kände Emma en pirrande känsla och blev förvånad när hon lyftes från marken. Hon svävade över husen och kände vinden svepa förbi henne. Men hennes entusiasm förvandlades snart till panik när hon insåg att hon inte kunde kontrollera sin flygning. Emma for runt staden, undvek tak och skorstenar. Hon landade till slut i ett träd, omgiven av oroliga stadsbor som tittade upp.

Under tiden hade Liam valt ett godis formad som en drake. När han bet i det önskade han att en drake skulle dyka upp och hjälpa honom att hitta de bästa Halloween-dekorationerna i staden. Plötsligt materialiserades en riktig drake, som andades små puffar av eld och rörde sig högljutt. Drakens ankomst orsakade kaos, rörde om i dekorationerna och skrämde stadsborna.

Sophie, som hade valt ett godis formad som en magisk stav, gjorde sin önskan. "Jag önskar att jag kunde kasta besvärjelser och göra allt Halloween-temat!" sa hon. Först verkade det som en underbar önskan. Pumpor och spindelväv dök upp överallt, och även månen verkade glöda orange. Men snart blev det ständiga inflödet av Halloween-dekorationer överväldigande. Staden var fylld med så många spöklika saker att folk knappt kunde röra sig.

Vännerna insåg snart att deras önskningar hade oavsiktliga konsekvenser. De samlades på torget för att försöka lösa problemen. Emma var fortfarande fast i trädet med hjälp av brandmän, Liams drake orsakade förödelse, och Sophies dekorationer blev ohanterliga.

"Vi måste hitta ett sätt att fixa detta innan det blir värre," sa Emma, som nu var på marken tack vare brandmännens hjälp.

Liam föreslog, "Vi behöver få hjälp av butiksinnehavaren. Hon kanske vet hur vi kan vända dessa önskningar."

Trion skyndade sig tillbaka till Whimsy's Förhäxade Godis, men butiken var stängd. De märkte en lapp på dörren: "Borta för att hjälpa till med Halloween-ärenden. Återkommer snart."

Medan de väntade försökte Emma, Liam och Sophie bäst de kunde att hantera kaoset. Emma använde sin flygförmåga för att hjälpa till att styra draken bort från staden, medan Liam använde drakens eld andedräkt för att bränna bort de överflödiga Halloween-dekorationerna. Sophie, med sin stav som fortfarande fungerade, kastade en besvärjelse för att lugna draken och göra dekorationerna mer hanterbara.

När butiksinnehavaren till slut återvände, fann hon staden i oordning. Emma, Liam och Sophie förklarade situationen, och butiksinnehavaren nickade medkännande.

"Dessa godisar är verkligen magiska," sa hon. "Men magi kommer ofta med ett pris. Varje önskan som uppfylls kan ha oavsiktliga konsekvenser. För att vända effekterna måste du göra en ny önskan för att rätta till den första."

Emma tänkte efter och gjorde sin önskan. "Jag önskar att jag kunde kontrollera min flygning så att jag kan hjälpa utan att orsaka problem."

Liam önskade, "Jag önskar att draken skulle återvända till sitt rike och sluta orsaka kaos."

Sophie gjorde sin önskan sist. "Jag önskar att alla Halloween-dekorationerna skulle städas upp och att staden skulle återgå till det normala."

Med ett svep av butiksinnehavarens stav började de magiska effekterna av önskningarna att vända sig. Emmas flygförmåga var nu under kontroll, vilket gjorde att hon kunde hjälpa till på ett mer ordnat sätt. Draken försvann med ett puff av rök, och Halloween-dekorationerna packades snyggt bort.

Staden Maplewood började långsamt återgå till sitt vanliga fridfulla tillstånd. Vännerna, även om trötta, var lättade. De hade lärt sig en viktig läxa om önskningarnas kraft och behovet av eftertänksamhet.

När de gick hem, ropade butiksinnehavaren: "Kom ihåg, mina vänner, magi är en underbar sak, men det är alltid bäst att vara medveten om vad du önskar dig."

Emma, Liam och Sophie höll med, tacksamma för äventyret och lektionen de hade lärt sig. De bestämde sig för att hjälpa till med att städa upp staden och sprida ordet om det förhäxade godisets verkliga natur.

Det Halloween slutade med att bli ett av de mest minnesvärda i Maplewoods historia. Inte bara för den magiska kaoset, utan för hur gemenskapen kom samman för att lösa problemen och stödja varandra. Emma, Liam och Sophies äventyr hade lärt dem att medan magi kan vara förtrollande, är det vår omsorg och samarbete som verkligen gör skillnad.

Och så fortsatte Maplewoods Halloween-firande med en ny känsla av förundran och försiktighet, och legenden om det förhäxade godiset blev en kär berättelse för kommande generationer.